Prix : 1 fr. 50

PAUL-MEUNIER

Avocat à la Cour d'Appel

LE DROIT DES BLESSÉS

L'AFFAIRE DU ZOUAVE DESCHAMPS
DEVANT LE CONSEIL DE GUERRE DE TOURS

2me Édition

PARIS

Société d'éditions littéraires et artistiques

LIBRAIRIE PAUL OLLENDORFF

50, CHAUSSÉE D'ANTIN, 50

— 1916 —

LE

DROIT DES BLESSÉS

PAUL-MEUNIER

Avocat à la Cour d'Appel.

et traître à son pays

LE

DROIT DES BLESSÉS

L'AFFAIRE DU ZOUAVE DESCHAMPS DEVANT LE CONSEIL DE GUERRE DE TOURS

DEUXIÈME ÉDITION

PARIS

Société d'Éditions Littéraires et Artistiques

LIBRAIRIE PAUL OLLENDORFF

50, CHAUSSÉE D'ANTIN, 50

1916

L'AFFAIRE DESCHAMPS

L'ACCUSATION

L'ACCUSATION

A la suite d'une blessure, reçue sur le front de l'Yser en 1914, le zouave Deschamps, devenu infirme et ne pouvant plus marcher que cassé en deux et très difficilement, était proposé pour une réforme temporaire. Avant de comparaître devant la Commission de réforme, Deschamps avait été dirigé sur le centre neurologique de Tours pour être soumis à l'examen du Dr Clovis Vincent.

Le 29 mai 1916, après avoir examiné le malade, le Dr Vincent avait immédiatement décidé de tenter sur Deschamps un traitement électrique violent et douloureux, inventé par lui, et dénommé le « torpillage ».

Deschamps refusa absolument de se soumettre à cette expérience. Le Dr Vincent voulut l'y contraindre par la force; une lutte s'engagea entre le blessé et le médecin.

Deschamps se servit de ses poings pour éviter le torpillage et atteignit plusieurs fois le Dr Vincent au visage. Celui-ci lâcha alors ses tampons ou *torpilles* et se précipita sur Deschamps qu'il roua de coups.

Le médecin-major Clovis Vincent déposa ensuite une plainte contre Deschamps pour voies de fait et outrages.

L'instruction de cette affaire fut confiée à M. Guillaume Poulle rapporteur près le Conseil de guerre de Tours.

Dans un volumineux rapport qui clôturait son information, le capitaine Guillaume Poulle concluait en termes sévères au renvoi de Deschamps devant le Conseil de guerre, pour outrages et voies de fait envers un supérieur à l'occasion du service.

Le dossier était aussitôt transmis au général Poline commandant la 9e Région, auquel M. Paul Meunier, Député, avocat de Deschamps, adressait la lettre que voici :

Mon cher Général,

J'ai l'honneur de vous adresser une requête au nom de mon client le zouave Deschamps, actuellement en pré-

vention de conseil de guerre, pour voies de faits et outrages envers un supérieur.

Je dois d'abord vous remercier d'avoir bien voulu décider que Deschamps, qui est un grand blessé et un malade, ne devait pas être maintenu à la prison civile de Tours, où sont incarcérés les détenus de droit commun. Vous avez accueilli ma prière avec une extrême bienveillance. Mon client, qui avait déjà passé près d'un mois en cellule, a pu enfin, grâce à vous et sur l'avis conforme de M. le Commandant Roux, commissaire du Gouvernement, et de M. le capitaine Poulle, rapporteur, être mis en subsistance dans un hôpital.

Je vous suis encore profondément reconnaissant d'avoir accordé, le mois dernier, deux permissions successives à Deschamps, qui revenu au foyer, où les siens désolés le réclamaient, a eu la tristesse de voir mourir du croup, dans la même semaine, deux de ses petits enfants. Mon malheureux client a été bien touché de vos bontés pour lui. A l'expression de sa gratitude vous me dispenserez maintenant d'ajouter une plaidoirie, qui serait déplacée.

Je ne veux pas examiner ici les faits qui ont donné lieu à une plainte contre Deschamps, et provoqué l'ouverture d'une information judiciaire qui vient de durer près de six semaines.

Je constate simplement que l'interrogatoire final du prévenu a eu lieu le 21 juin dernier et qu'à la date du 3 juillet M. le capitaine Poulle transmettait à M. le com-

missaire du Gouvernement tout le dossier de la procédure.

L'instruction est donc close, conformément aux prescriptions de l'art. 108 du Code militaire. L'affaire est maintenant soumise à votre examen et il vous appartient de décider souverainement si l'inculpé doit bénéficier d'un non-lieu ou s'il doit être traduit en conseil de guerre.

*Je me permets de rappeler que Deschamps proteste avec énergie contre l'inculpation relevée contre lui. Il affirme qu'il ne s'est rendu coupable ni de voies de faits ni d'outrages envers le médecin qui dirige le centre neurologique de Tours. Mon client soutient simplement cette vérité qu'*UN BLESSÉ A LE DROIT INCONTESTABLE DE NE POINT SE SOUMETTRE A UNE OPÉRATION QUI SERAIT CRUELLE ET INUTILE.

J'ajoute que, pour interpréter sainement le Code de Justice militaire, il convient de faire une distinction entre le soldat malade, qui est en traitement, et le soldat valide, qui est en activité de service. Le bon sens et l'équité défendent d'assimiler le cas d'un blessé ou d'un infirme qui s'insurge contre la torture qu'on veut lui faire subir, et le cas d'un combattant qui résiste à un ordre légitime et aggrave son refus d'obéissance par une injure ou par une voie de fait.

Dans votre haute impartialité, vous admettrez sûrement que la science française lorsqu'elle est sûre d'elle-même et mérite à bon droit la confiance qu'on lui témoigne, n'a besoin, pour exercer son action bienfaisante, ni de menaces, ni de violences, ni surtout de la collaboration du conseil de guerre.

Enfin si vous considérez l'inculpé lui-même, je suis convaincu que le passé de Deschamps constituera, à vos yeux, la justification la plus sûre et la plus éclatante de ce brave homme. Deschamps était déjà presque infirme au début de la guerre ; il est parti quand même ; il a voulu partir ; il a été blessé gravement ; il vient de passer, traîné d'hôpital en hôpital, dix-huit longs mois de souffrance, attendant la réforme ; il est incapable de tout service et de tout travail ; il est inguérissable ; sa vie est brisée, comme son pauvre corps, et par surcroît d'épreuve, sa petite famille elle-même vient d'être, hier encore, douloureusement meurtrie.

Je sollicite de votre justice une ordonnance de non-lieu pour le zouave Deschamps.

Veuillez, etc.

PAUL-MEUNIER,
Avocat à la Cour d'Appel.
Député de l'Aube.

Un ordre de mise en jugement était néanmoins prononcé le 23 juillet contre Deschamps, et le Conseil de guerre de Tours était convoqué le 1er août pour juger cette affaire.

L'affaire Deschamps a occupé six longues

audiences. Les débats furent présidés par le colonel Prévost. La première audience a été consacrée à la lecture du rapport de M. Guillaume Poulle et à l'interrogatoire de Deschamps. La seconde audience a été tout entière occupée par la déposition du Dr Clovis Vincent et par celle du Dr Doyen cité à la requête de la défense. En termes élevés et par des arguments décisifs, le Dr Doyen a condamné le traitement barbare dit le *Torpillage*.

Les audiences suivantes ont été remplies par les dépositions des autres témoins et de nombreuses questions posées par la défense. Enfin le jeudi 3 août, le commandant Roux, commissaire du Gouvernement, a prononcé, avec talent, un réquisitoire très complet et très intéressant, qui a tenu toute l'audience de la matinée. L'audience de l'après-midi était réservée à la défense. La grande salle des Assises du Palais de Justice de Tours où siégeait le Conseil de guerre était archicomble. Me Paul Meunier, avocat à la Cour de Paris, prononça la plaidoirie qu'on va lire, et dont la péroraison déchaîna une longue salve d'applaudissements.

LA DÉFENSE

CONSEIL DE GUERRE DE LA NEUVIÈME RÉGION

Jeudi 3 Août 1916

(6e AUDIENCE)

Présidence de M. le Colonel PRÉVOST

PLAIDOIRIE

de Me PAUL-MEUNIER

Avocat à la Cour d'Appel de Paris.
Député de l'Aube.

LA DÉFENSE

MESSIEURS,

Vous avez entendu ce matin le magistral exposé des réquisitions du Ministère public.

Je viens vous présenter avec la plus grande simplicité les conclusions de la défense ; et je voudrais entrer tout de suite dans le vif du débat, en me dispensant de tout autre exorde, mais sans me dispenser de dire à M. le commissaire du Gouvernement, combien j'ai été touché de la modération et de la loyauté du langage qu'il a tenu.

Messieurs, dans cette affaire qui paraissait si petite au début, qu'on voulait l'instruire et la juger d'urgence et qui est devenue si grande, par la gravité de la question qu'elle pose, il n'y a en réalité que deux hommes en présence : Deschamps, et M. le médecin-major Clovis Vincent ; il y a le geste de Deschamps, et il y a les gestes de M. Clovis Vincent.

Je voudrais qu'il me fut permis de comparer les deux hommes, d'apprécier sobrement les deux sortes de gestes. Ce sera toute ma discussion.

Deschamps.

Je n'ai point à refaire la biographie de Deschamps. Le commandant Roux l'a faite ce matin avec une parfaite impartialité. Deschamps est un excellent soldat qui fut toujours très apprécié de ses chefs. C'est un simple ouvrier qui n'a point reçu ni l'instruction complète, ni l'éducation soignée de M. Clovis Vincent ; mais c'est un brave homme dont la vie fut toujours droite. Père de famille, il a été vous le savez très éprouvé, il y a quelques jours à peine. M. le commandant Roux n'a oublié aucun de ces événements : il n'y a qu'un seul détail qu'il a omis de vous dire, et cette omission fut j'en suis sûre volontaire de sa part, et je l'en remercie, car il a voulu me laisser le soin de vous conter moi-même l'incident touchant que je vais dire.

Lorsque pendant l'instruction de cette affaire Deschamps eut le grand malheur de perdre deux de ses enfants, enlevés coup sur coup par le croup, le général Poline dans un beau mouvement de bienveillante bonté a ordonné que Deschamps ne serait pas maintenu en prison, qu'il serait mis en subsistance dans un hôpital ; et le général Poline ne s'est pas contenté de faire respecter en la personne de mon malheureux client le droit de tout soldat blessé ou malade, il a voulu faire plus encore : en pleine instruction, il a donné à l'inculpé Deschamps une longue permission afin qu'il pût aller chez lui pour réconforter les siens et pour saluer la tombe de ses petits enfants. Enfin, et je dis ces derniers mots plus bas, afin que le Conseil de guerre soit seul, à les entendre, le général qui savait que la misère était grande au foyer de Deschamps a donné à ce pauvre homme un secours en argent. Qu'il me soit permis d'exprimer ici-même en audience publique ma profonde reconnaissance et celle de Deschamps au général Poline pour ce bel acte de générosité. J'en ai fini, messieurs, avec la biographie de Deschamps, ayant ainsi complété le portrait si exact que le commandant Roux vous a fait de l'accusé.

Le docteur Clovis Vincent.

J'arrive maintenant à l'adversaire de Deschamps. Après l'accusé, l'accusateur.

Qu'est-ce que M. Clovis Vincent, médecin-major ? Les uns disent : — ce sont ses adversaires — que c'est un méchant homme qui fait cruellement et inutilement, souffrir les blessés. — Les autres disent avec une sincérité dont il est parfois difficile de mesurer la profondeur, en tout cas avec des nuances qui varient suivant les milieux où ils se trouvent et les gens qu'ils rencontrent; les autres disent, et ce sont ses amis, ses camarades, ses admirateurs, que M. Clovis Vincent est un grand savant, un génie qui a découvert une méthode nouvelle de traitement des maladies nerveuses et qui par la surprenante efficacité de cette méthode rend les plus grands services à l'armée. Voilà les deux opinions. Quelle est la vraie ?

Je pense qu'il n'est pas trop téméraire de dire que la vérité se tient justement entre ces deux opinions opposées : M. Clovis Vincent n'est ni un méchant homme, ni un génie ; c'est un homme de bonne foi, ou plutôt, c'est un homme de foi — c'est un croyant — c'est un apôtre; comme tous les inventeurs, comme tous les fondateurs de religions. Il est sûr de lui; il a confiance en lui ; il est sincèrement convaincu, que lui seul, a raison, que sa méthode est inattaquable, et fatalement il considère comme un ignorant quiconque la discute, et comme un mauvais français quiconque ne veut pas s'y soumettre. Tel est l'accusateur de Deschamps.

Tel est le créateur du torpillage.

Le Torpillage.

Faut-il maintenant parler du torpillage?

Oui, nous allons tout de même parler de cette méthode fameuse mais, je vous le promets, sans la discuter. Mon distingué contradicteur n'a pas pu supposer d'ailleurs que j'allais instituer, avec lui, un débat sur la valeur scientifique du système de traitement de M. Clovis Vincent. Je m'y refuse tout à fait ; je ne veux pas mettre en opposition la dépêche qu'on a lue tout à l'heure du professeur Babinski ancien maître de M. Clovis Vincent, qui couvre son élève, et les affirmations si nettes, si catégoriques, que M. le Dr Doyen est venu en personne apporter à la barre.

Encore une fois, je me dérobe à ce débat, pour cette raison primordiale qu'il est inutile, qu'il n'est pas le procès.

Je n'ai qu'une ambition, c'est d'apporter ici une définition simple et exacte du torpillage, pour la clarté de la discussion qui va suivre.

Je définis le torpillage : Une méthode de traitement des maladies nerveuses par un courant électrique très douloureux.

Cette formule mesurée peut nous convenir à tous, à l'accusation comme à la défense, aux amis comme aux adversaires de M. Clovis Vincent.

Qu'il me soit permis d'ajouter que la définition que je viens de donner se trouve singulièrement éclairée et précisée par deux déclarations que je veux rappeler et qui nous ont été apportées à la barre par M. Clovis Vincent lui-même. Ce qui me permet de dire en passant que pour nous donner une impression vraie du système Vincent, il n'était point besoin de faire citer d'autres témoins que le plaignant lui-même.

M. Clovis Vincent ne nous a rien caché.

Il nous a dit jugeant lui-même la valeur extraordinaire de son traitement :

« On pourrait faire marcher tous les hommes,
« tous les blessés en s'acharnant sur eux. »

Il s'agit de savoir si ce pays serait d'humeur à supporter qu'on puisse *s'acharner* sur ses blessés même avec la prétention de les guérir.

Mais, je m'abstiens de toute critique. Je me contente de constater ce qui résulte, en dehors de toute controverse, des témoignages entendus.

Le premier témoin, le principal intéressé, le plaignant, l'accusateur nous a donc dit que « le principe même de la méthode commandait de s'acharner sur les blessés. »

Il nous a apporté une autre précision que je veux enregistrer encore.

M. le Président du Conseil de guerre lui avait posé une question neuve et de capitale importance, dont il n'y a point trace dans la procédure écrite :

D'autres douleurs, d'une origine quelconque pourraient-elles produire les mêmes résultats que ceux que vous obtenez avec un courant électrique plus ou moins intense ?

Très sincèrement M. Clovis Vincent a répondu qu'il n'était point impossible que des douleurs d'une autre nature que celles qu'il fait subir aux blessés fussent aussi efficaces. Donc le torpillage est un moyen de traitement par la douleur, et d'après son inventeur même la vertu du torpillage réside uniquement dans la force de la douleur imposée au patient.

Le Torpillage est-il un traitement garanti?

Ce traitement par la douleur offre-t-il des garanties certaines ? A-t-il reçu une consécration officielle ?

On nous a apporté ici, à la dernière heure, une lettre de M. le Sous-Secrétaire d'Etat, du Service de Santé, qui contient des félicitations et des encouragements pour M. le Dr Clovis Vincent et qui porte la date du 10 mai 1916. C'est une pièce étrangère à l'instruction dont M. le Président a dû ordonner la jonction au dossier pour la régularité de la procédure, sans quoi, l'accusation n'aurait pas pu faire usage de ce document inédit. M. le Président a bien fait d'ordonner cette jonction; il ne pouvait pas la refuser, puisqu'en fait, la pièce était déjà produite et divulguée.

Mais je ne suis pas très sûr que M. le Sous-Secrétaire d'État soit satisfait de la production de sa lettre dans un débat public.

Cette lettre, écrite par lui à la Direction du Service de Santé de Tours, n'était pas sûrement destinée à la publicité. C'est une note de service confidentielle, autrement, l'auteur de la lettre se serait chargé lui-même d'en faire la communication publique; s'il ne l'a pas fait, c'est évidemment qu'il ne voulait point donner sa garantie, ni celle du Ministre de la Guerre, au système de M. Clovis Vincent; c'est qu'il ne voulait pas prendre une responsabilité personnelle aussi grave dans une question si difficile.

La direction locale du Service de Santé a cru devoir le découvrir, en livrant cette lettre à l'accusation qui, je m'empresse de le dire, l'a communiquée à la défense avant même d'en avoir demandé le versement aux débats.

Quel parti peut-on tirer de cette lettre? Aucun. Même sous sa forme discrète, la lettre du Sous-Secrétaire d'État ne constitue pas une consécration formelle donnée par le Ministre de la Guerre au système Vincent.

Je connais M. le Sous-Secrétaire d'État ; c'est, je puis le dire, un camarade dans l'amitié duquel j'ai vécu pendant de longues années ; c'est un homme fort intelligent et un travailleur, mais il n'est pas médecin, mais c'est un profane comme nous, et jamais il n'a voulu, et jamais il ne voudrait donner sa garantie officielle et celle de son Ministre à une méthode quelconque de médecine ou de chirurgie qui n'aurait pas reçu d'abord la consécration des corps savants.

Le système Clovis Vincent a-t-il été soumis au contrôle des corps savants ? Jamais. L'Académie de Médecine ne le connaît pas. La question si grave, qu'elle a mise à son ordre du jour, et renvoyée à l'examen d'une commission spéciale qui délibère encore en secret, c'est la définition du droit des blessés. Ce n'est pas le torpillage, sur lequel aucune communication ne lui a jamais été faite.

Quant à notre grande Académie des Sciences j'ai déjà dit, au cours des débats, que l'un de ses secrétaires perpétuels, M. Lacroix, avait bien voulu me faire connaître qu'on n'avait jamais reçu à l'Institut aucune communication de M. le Médecin-major Clovis Vincent. Ainsi, le torpillage ne peut pas se couvrir de la haute approbation de nos deux illustres Compagnies savantes.

En revanche, il a dû subir, ici-même, l'impitoyable jugement de celui que M. le Président du Conseil de Guerre a si bien appelé l'un des princes de la Science, le Dr Doyen, qui n'est pas seulement le plus grand maître de la chirurgie française, mais dont l'activité admirable a pénétré également tous les secrets des maladies nerveuses. Le Dr Doyen nous a dit que le torpillage n'était pas une découverte scientifique, que c'était un moyen brutal de provoquer des souffrances effrayantes sans donner d'autres résultats que des guérisons apparentes, passagères ou problématiques. Telle est cette méthode célèbre, condamnée par le Dr Doyen, ignorée de nos deux Académies.

Peut-on imposer un traitement?

Il s'agit maintenant de savoir si la méthode de traitement que je viens de définir, en indiquant les hautes sanctions qui lui font défaut, peut être imposée aux blessés.

Il s'agit de savoir, pour élever ce débat et poser le problème dans toute son ampleur, si une méthode quelconque de traitement, si une opération quelconque peut être imposée à un malade ou à un blessé ?

C'est une question d'une gravité exceptionnelle, d'une portée considérable, qui, pour la première fois, se pose devant la justice française, et c'est tout le procès.

Deschamps, blessé depuis de longs mois, infirme, cassé en deux, inutilement traîné d'hôpitaux en hôpitaux, vient d'être proposé pour la réforme par le Service de Santé du dépôt de son régiment.

Au lieu de le déférer immédiatement à la Commission de réforme, on décide de le soumettre d'abord à l'examen du médecin-chef du centre neurologique de Tours, le Dr Clovis Vincent. Deschamps se présente à l'hôpital Descartes ; il se soumet de bonne volonté à cet examen ; il sollicite même (des témoins nous l'ont dit) un examen sérieux. Mais, l'examen terminé, il n'accepte pas le traitement ; il déclare, à plusieurs reprises et avec force, qu'il refuse formellement de se laisser torpiller. En présence de ce refus formel du blessé, que fallait-il faire? Quel était le devoir du médecin?

Ce devoir, il était clairement et strictement tracé par l'instruction ministérielle du 5 avril 1915.

Tout d'abord, il importe de constater qu'il ne pouvait être ici question d'un refus d'obéissance aux termes du Code de Justice militaire. Le commandement donne des ordres pour tout ce qui concerne le service intérieur ou le service en campagne, il ne donne pas d'ordre pour prescrire tel traitement à un malade, ou telle opération à un blessé. Les ordonnances médicales ne sont pas des ordres, au sens légal et pénal de ce mot. Le refus de traitement n'est pas un refus d'obéissance, tout le monde est d'accord là-dessus, et personne, ni ici, ni ailleurs, n'a jamais tenté de donner au Code militaire une interprétation contraire à la vérité que je viens d'énoncer. Dire que le blessé est, vis-à-vis du médecin, dans la même situation légale que le soldat valide et en service vis-à-vis de son supérieur, ce serait dépasser les limites de l'audace et du mensonge.

Ce serait déchirer le Code militaire, mais encore une fois, à quoi bon discuter. Cette opinion qui serait simplement stupide et scandaleuse n'a jamais tenté personne; et le Ministre de la guerre dans son admirable loyauté, s'est élevé par avance contre quiconque aurait par impossible l'impudence de la soutenir.

Dans une lettre, que j'ai sous les yeux et qui concerne une autre affaire jugée ici par le précédent Conseil de guerre, le général Roques s'exprime ainsi : « Il ressort des renseignements « qui m'ont été fournis qu'à l'audience, M. le « médecin-major Vincent a déclaré qu'il ne « savait absolument pas, lui-même, avant d'avoir

« examiné Chatelain, quel serait le traitement « qu'il prescrirait de lui appliquer.

« Ces dans ces conditions que le Conseil de « guerre a jugé que le fait par l'inculpé de refu- « ser catégoriquement de se soumettre à l'exa- « men d'un spécialiste, *et non à un* traitement « déterminé (comme l'ont rapporté à tort cer- « tains journaux), constituait un refus d'obéis- « sance à un ordre relatif au service. »

Ainsi le refus d'un *traitement* ne peut jamais constituer un refus d'obéissance, et voilà le droit du blessé nettement fixé par le Ministre conformément à la loi.

Peut-on poursuivre le blessé qui refuse ?

L'instruction du 5 avril 1915 est d'ailleurs, je m'empresse de le dire, en parfaite conformité de vue avec la lettre ministérielle que je viens de lire.

En aucun cas, elle n'admet la poursuite pénale, lorsqu'un militaire refuse un traitement ou une opération. Dans certains cas, seulement, elle indique qu'une punition disciplinaire peut être infligée au soldat récalcitrant. Le refus est assimilé sous certaines conditions à une faute militaire. Mais encore faut-il que toutes ces conditions soient remplies. Ainsi le droit de refuser une opération sanglante, si légère qu'elle soit, est absolu et ne peut jamais donner lieu à aucune punition disciplinaire.

Quant aux autres opérations, et aux autres traitements, quelle qu'en soit la nature, le blessé ou le malade, peut également les refuser sans s'exposer à aucune punition disciplinaire, si ces opérations ou traitements ne sont point de nature à améliorer son état ou s'ils doivent lui faire courir un risque quelconque. C'est assez dire que le nombre est illimité des procédés de traitement ou même d'investigation qu'on peut à bon droit refuser — même les plus anciens et les plus connus.

Le Dr Doyen, nous a signalé ici les périls

du chloroforme, le professeur Quénu en avait fait autant à l'Académie de médecine. Le Dr Doyen nous a dénoncé également les effets mortels du vaccin antityphoïdique. Mais quelle raison plus forte encore n'avons-nous pas de refuser cette méthode nouvelle et inconnue qui s'appelle — le torpillage — avec les tortures abominables qu'elle impose et les risques de toute nature qu'elle fait courir au patient, *sans lui assurer la guérison.*

Doit-on subir le torpillage?

Et Deschamps, infirme depuis dix-huit longs mois, jamais soulagé par les nombreux médecins qui l'avaient traité dans tous les hôpitaux où il avait séjourné, las de tous les traitements subis sans espoir de guérir jamais, Deschamps qui connaissait les horreurs du torpillage par les récits qu'il avait écoutés, les spectacles qu'il avait vus : les camarades nus, se sauvant dans les cours de l'hôpital pour échapper au supplice, les cris épouvantables que poussaient les victimes et qu'on entendait de la rue, les supplications des blessés se traînant à genoux dans l'amphithéâtre et demandant pitié et grâce en sanglotant, les vociférations et les injures du Dr Vincent répondant aux plaintes déchirantes des victimes, les coups de torpilles redoublant avec plus de violence, sur les corps meurtris de ces malheureux : « salaud, cochon, lâche : tu marcheras; » et les rires et les plaisanteries des spectateurs que M. Clovis Vincent a coutume d'inviter à ces scènes horribles; — tout cela le zouave Deschamps, comme tout le monde le savait, il usait donc de son droit quand il refusait le torpillage. Il ne s'exposait ni à une poursuite judiciaire impossible, ni à une punition disciplinaire injustifiée.

Contre cet homme qui le premier avait le courage de résister à ces pratiques, M. Clovis Vincent pouvait-il user de violence? Avait-il le droit de recourir à une mesure coercitive quelconque pour lui imposer son traitement?

J'ai posé la question à M. Clovis Vincent au cours des débats — il a reconnu lui-même que l'instruction ministérielle du 5 avril 1915 était sur ce point, claire et formelle; elle interdit toute violence. M. Clovis Vincent devait s'y conformer scrupuleusement.

M. le commissaire du Gouvernement ne le conteste pas. Il reconnaît que M. Clovis Vincent ne s'est pas conformé aux ordres reçus. Mais, en déposant sur le bureau du Conseil, l'instruction du 5 avril, le commandant Roux disait :

« Le Conseil de guerre appréciera; il n'est « pas lié par cette circulaire; il est libre de n'en pas tenir compte. »

Les ordres de la loi.

Messieurs, il faudrait s'entendre. Certes le Conseil de guerre ne reçoit d'ordre de personne ; il est maître de son jugement, et qui donc oserait, sous n'importe quelle forme donner un ordre au Conseil de guerre ; qui donc voudrait porter atteinte à sa souveraine indépendance ?

Ceci me rappelle, un incident très impressionnant et, qui fait grand honneur à la justice militaire — c'était devant un Conseil de guerre de l'extrême-avant. Le général commandant la division avait, je ne dis pas donné des ordres, ni des instructions au Conseil, mais, il avait fait des observations, il s'était plaint, dans une note écrite, de la trop grande indulgence des juges. Cette note était connue de la défense ; au début de l'audience, le colonel-président, avec une belle crânerie militaire, s'écria : « Ici les ordres « du général de division, s'arrêtent à la porte ; « nous ne recevons d'ordres que de notre cons- « cience et de la loi. » Je n'avais pas besoin d'évoquer ce souvenir pour affirmer, moi aussi que le Conseil de guerre qui m'entend est entièrement libre, et qu'il s'honore lui aussi de juger en conscience et d'être lié par la loi.

Mais, que semblait-on lui demander ce matin ? D'ignorer les instructions reçues par M. Clovis

Vincent, afin de pouvoir couvrir l'acte d'indiscipline qu'il a commis.

Messieurs, cela n'est pas possible pour cette raison décisive, que l'instruction ministérielle du 5 avril, est en parfaite harmonie avec le code militaire, qui ne permet à personne, officier ou soldat, *aucune voie de fait*, *aucune violence*, *aucune contrainte matérielle*, ni sur un supérieur, ni sur un égal, ni sur un inférieur.

L'instruction du 5 avril 1915 n'est donc qu'un simple rappel à la loi — vous dire que vous pouvez l'ignorer, ce serait vous dire que vous pouvez ignorer la loi, et cela n'est pas possible.

Le Dr Doyen nous a dit ici avec l'autorité de sa parole, qu'un médecin qui veut imposer par la force un traitement à un malade n'est pas digne du titre qu'il porte; qu'il se déshonore, et tombe sous le coup del'indignation publique. Il a ajouté avec force qu'il n'y avait point ici de distinction à faire entre les médecins de l'armée et les autres, qu'il n'y avait point deux médecines — l'une civile — l'autre militaire.

La contrainte matérielle est toujours interdite.

Cette vérité, que tous les malades et tous les blessés, qu'ils soient civils ou militaires ont les mêmes droits, et que tous les médecins, qu'ils soient civils ou militaires, ont les mêmes devoirs, cette vérité profonde n'a-t-elle pas été répétée à cette barre et d'une manière saisissante par l'un des experts de l'accusation, M. le médecin-major Charpentier? Vous vous rappelez la scène, messieurs, et l'insistance que j'ai dû mettre, pour obtenir du Dr Charpentier une réponse à la question posée. Je m'en excuse maintenant auprès de lui, mais il comprendra, lui-même, que le devoir professionnel a d'impérieuses exigences avec lesquelles on ne peut transiger. Je lui disais : admettez-vous qu'un médecin civil ou militaire peut user de violence pour imposer un traitement? Et le Dr Charpentier se débattait pour échapper à l'étreinte de ma question. Il était pris, entre son désir de ne pas nuire à un camarade, et sa volonté de ne pas trahir la vérité. Il disait : mais cette question n'a pas de sens; elle ne peut pas être posée; il n'y a pas de médecin qui soit capable d'imposer ses soins par la force. Et comme je ripostais : ne parlons pas des autres; il s'agit de vous, M. Charpentier; vous, médecin militaire, expert commis par l'instruction, témoin déposant sous la foi du serment : je vous demande si vous seriez capable d'employer la force pour soigner un malade ou un blessé qui refuserait votre traitement. Et M. le médecin-major Charpentier s'écriait enfin : « Mais jamais je n'ai fait cela, « mais jamais je ne ferai cela, et aucun de mes confrères, de mes camarades, ne l'a jamais fait. »

M. le médecin-major Charpentier voulait ignorer les procédés de M. le médecin-major Clovis Vincent, mais il n'était pas en son pouvoir d'effacer les aveux répétés et formels de l'inventeur du torpillage. M. Clovis Vincent proclame qu'il est obligé de faire violence à la plupart des blessés qui de gré ou de force se présentent devant lui. Il déclare lui-même que la terreur qu'il inspire dans toute la région est de nature à décourager tous ceux qui seraient tentés de simuler ou d'exagérer leurs maladies. M. Clovis Vincent avoue qu'il violente les blessés au mépris des instructions ministérielles.

Quelle est la responsabilité du médecin qui emploie de pareils moyens? Il y a d'abord la responsabilité pénale qu'encourent tous ceux, civils ou militaires qui commettent des actes de violence; il y a ensuite la responsabilité civile, l'obligation de réparer le préjudice causé, s'il y en a un, et la loi ne distingue pas entre les médecins civils et les médecins militaires, il est temps d'apprendre à ceux-ci qu'ils ne bénéficient d'aucune immunité et que s'ils commettent une faute lourde, ils s'exposent comme les autres à une action en dommages et intérêts.

Enfin, il y a encore pour les médecins militaires la responsabilité disciplinaire. L'un des grands chefs de la chirurgie militaire en sait quelque chose. Il était hier encore inspecteur général en activité, il avait trois étoiles sur sa manche; il jouissait en haut lieu de toutes les faveurs, on l'admirait; on le félicitait, on le chargeait d'honneurs; et puis, tout d'un coup, à la suite d'incidents déplorables, après certaines opérations malheureuses, imposées à de pauvres blessés, qui les avaient refusées, le Pouvoir a brusquement retiré sa confiance à ce très haut fonctionnaire, et la sanction ne s'est pas fait attendre, le médecin militaire aux trois étoiles vient d'être remercié. Il y a donc des responsabilités.

Mais il y a autre chose encore dans le geste du médecin qui impose à un malade un traitement ou une opération : il y a cette inévitable conséquence que le médecin ouvre lui-même au malade, le droit de résister par la force, au traitement qu'on veut lui imposer par la force.

Le médecin coupable donne au malade *violenté*, le droit de frapper pour ne pas être traité.

La scène du torpillage de Deschamps.

« *Le zouave Deschamps a frappé le médecin-*
« *major Clovis Vincent, pour ne pas être traité.* »

Qui dit cela? C'est dans son rapport, M. le capitaine Guillaume Poulle lui-même; et celui-ci n'est pas suspect, on en conviendra, d'hostilité envers M. Clovis Vincent; son instruction porte au contraire d'un bout à l'autre, et dans les moindres détails la marque indiscutable de la sympathie la plus vive, et la plus agissante pour le plaignant. Et pourtant le capitaine Guillaume Poulle n'a pu s'empêcher de constater que Deschamps n'avait point frappé par méchanceté ou par vengeance, qu'il n'avait point frappé pour frapper, *qu'il avait frappé pour ne pas être traité.*

Les premiers coups de torpille donnés par M. Clovis Vincent ont-ils précédé ou suivi les gestes défensifs de Deschamps. Trois témoins l'affirment. Ils disent que le médecin a le premier donné deux coups de ses tampons, l'un au front, l'autre sur les reins avec une violence inouïe. Quant aux autres témoins, ils se contentent de dire que la scène a été si violente et si rapide qu'ils n'ont pu voir quel avait été, du médecin ou du blessé, le premier touché.

Dans tous les cas, la grande majorité des témoins qui ont assisté à la scène affirme qu'à plusieurs reprises, au cours de la bataille, Deschamps a été torpillé.

Enfin, M. Clovis Vincent, lui-même (et son seul témoignage, nous aurait suffi, reconnaît que par des efforts violents, continuels, surhumains, il a tenté avec ses torpilles de briser la résistance de Deschamps.

M. Clovis Vincent *reconnaît* pis encore.

Il avoue, qu'au milieu de la lutte, il a déposé un moment ses torpilles pour se servir — *de ses poings.*

Je voulais, avant tout, nous a-t-il dit, avoir le dessus. Et, dans cette salle d'hôpital, tout un groupe de malades et d'infirmiers a pu assister à ce spectacle inouï, révoltant, lamentable : Deschamps qui avait riposté par des coups de poings aux coups de torpille, venait d'être maîtrisé par l'infirmier Leroy, il était hors d'état de continuer sa résistance. M. Clovis Vincent dit alors à Leroy, qui tenait Deschamps étroitement serré contre lui : — lâchez-le, c'est moi qui vais m'en charger ; — alors on a vu ce médecin, ce capitaine en uniforme, cet homme exceptionnellement agile et vigoureux, ce professionnel de la boxe (comme il s'en vante), se jeter sur ce blessé, sur cet infirme qui était là, nu, devant lui, et le rouer de coups de poings et de coups de pieds, dont il ne sait pas le nombre (nous a-t-il dit), jusqu'à ce que le malheureux Deschamps succombe vaincu, brisé, assommé, évanoui, c'est-à-dire, au moment où les infirmiers indignés, ont eu enfin, le courage, malgré les ordres reçus, d'arracher à M. Vincent sa victime.

Voilà la scène, Messieurs, triste et odieuse; et j'avais grande hâte je vous le jure, d'en finir avec ce pénible et répugnant récit.

La Plainte.

C'était le 27 mai. Deux jours après, qui furent sans doute deux jours de réflexion, M. Clovis Vincent s'est tout à coup rappelé qu'il y avait une Justice, et qu'on ne se fait pas justice soi-même. Il a déposé une plainte contre Deschamps.

Cette plainte était à peine déposée que M. Vincent a eu un sursaut de conscience.

Ici, à la barre, dans la passion du débat, dans la chaleur de la bataille, on peut prendre des attitudes et prononcer des paroles qui souvent s'éloignent beaucoup de la réalité des choses. Mais, chez soi, quand on est seul à seul avec sa conscience, et qu'on se juge soi-même on se rapproche très vite de la vérité, et l'on reconnaît plus aisément ses torts, si l'on est un honnête homme.

M. Clovis Vincent est un honnête homme.

Dès le lendemain du dépôt de sa plainte, dès le 30 mai, il a eu deux bons mouvements de conscience, dont je lui sais gré. D'abord, il s'est présenté spontanément chez le rapporteur chargé de l'instruction, afin de rectifier immédiatement sa plainte. Contre Deschamps, il n'avait porté en réalité qu'une seule accusation, qui pouvait être retenue. Il avait affirmé à plusieurs reprises par paroles et par écrit, que Deschamps était un simulateur et un lâche. C'était, vous vous en souvenez, la même accusation qu'il avait jadis portée avec la même force, et sous la foi du serment contre le malheureux soldat Delattre, que le précédent Conseil de guerre de Tours a jugé.

M. Clovis Vincent, n'en avait point perdu le souvenir. Il avait et ceci l'honore, la hantise de l'affaire Delattre : Delattre victime d'une erreur commise par l'expert de l'instruction, M. Clovis Vincent. Delattre dénoncé par lui, comme un simulateur, et condamné comme tel, pour *refus d'obéissance, à cinq ans de travaux publics*! Puis réformé dès son arrivée aux travaux publics à Bougie, par la Commission militaire de réforme qui constate que Delattre est un vrai blessé, et enfin libéré et réhabilité par un décret de grâce, en attendant la révision de son procès et la réparation de l'erreur.

Cette douloureuse histoire de Delattre pesait lourdement sur la conscience de M. Clovis Vincent, on ne commet pas deux fois de suite une pareille *erreur*, et M. Clovis Vincent qui avait eu le malheur de retomber dans la même faute, s'est précipité chez le juge rapporteur pour lui dire : je me suis trompé hier, en accusant Deschamps d'être un simulateur. Ce n'est point un simulateur, c'est tout le contraire. C'est un vrai malade. « C'est un hystérique ».

Mais M. Clovis Vincent ne s'est point contenté de cette visite au juge rapporteur; il en a fait une autre à la prison, à Deschamps lui-même. Démarche vraiment extraordinaire, et dont je ne connais point d'exemple, que celle faite par un accusateur, auprès d'un accusé.

La Visite à la Prison.

M. Clovis Vincent se présente donc dans la cellule de Deschamps :

Qu'allait-il lui demander? Que pouvait-il lui dire ?

Le sens de cette démarche exorbitante était vraiment trop clair. M. Clovis Vincent ne pouvait dire en somme à Deschamps que ceci: « Avant-hier j'ai voulu vous torpiller de force. » J'ai commis un acte d'indiscipline, j'ai eu tort. Vous vous êtes violemment défendu, vous m'avez donné des coups. Vous avez eu tort... j'ai riposté à mon tour par des coups de poings, par des coups de pieds, par des coups de torpille, j'ai brutalisé le blessé, l'infirme que vous êtes, j'ai eu tort. Nous avons eu tort tous les deux. Voyons Deschamps, restons-en là. D'autres blessés avant vous que j'ai voulu aussi torpiller de force, m'ont eux aussi donné des coups, que je leur ai rendus. L'un d'eux, plus fort, ou plus violent que les autres, m'a donné un rude coup de poing sur l'œil, dont j'ai longtemps porté les traces. En revanche, je l'ai presque assommé sur place. Mais ni pour celui-ci, ni pour ceux-là, je n'ai porté de plainte. Pourquoi? Parce qu'après la lutte engagée entre eux et moi, ils ont toujours été vaincus, et que j'ai pu les traiter quand même ; faites comme eux, inclinez-vous, laissez-vous traiter : je retire ma plainte. Vous ne serez pas poursuivi et vous sortirez de prison.

Voilà la proposition formelle que M. Clovis Vincent a faite à Deschamps, au lendemain de la scène; et M. le capitaine rapporteur Guillaume Poulle a cru pouvoir écrire, que cette proposition et que cette démarche faisaient le plus grand honneur à M. Clovis Vincent.

La vérité est que dans cette démarche qui fut sans succès, M. Clovis Vincent est resté lui-même.

La Guerre aux Blessés.

Il est l'homme d'une idée : il veut avec des blessés refaire des combattants, il croit avoir le pouvoir de le faire; il a foi dans l'infaillibilité de sa science. Il est convaincu « qu'étant très sûr de soi, » énergique et *armé* (il a osé écrire cette chose), on vient à bout de toutes les maladies et de tous les malades. Il nous a dit : qu'en *s'acharnant* sur les blessés, on les ferait tous marcher. Voilà son idée fixe — il est résolu à tout sacrifier pour elle : dignité personnelle, devoir de justice, sentiment d'humanité.

M. Clovis Vincent est fidèle à lui-même, c'est un homme tout d'une pièce; il est aujourd'hui, à l'arrière, ce qu'il était hier à l'avant. Il nous l'a dit ici, avec sa belle et brutale franchise :

« Au soldat des tranchées qui venait à moi « avec un pied gelé me demandant à être « évacué; je répondais : non, je n'évacue pas « pour si peu de chose. Ici il faut avoir les « deux pieds gelés pour être évacué. »

« Aux hommes de mon secteur qui venaient « à moi souffrant d'une entérite aiguë, affaiblis, « délabrés, et qui pour ne pas crever sur place demandaient à être évacués : je répondais : non. Ici l'on n'évacue que lorsqu'on fait du sang.

En revenant à l'arrière, M. Clovis Vincent n'est pas changé. Il dit aux blessés : mauvais Français, lâches, vous marcherez quand même, et vous repartirez tout de suite. Nous avons besoin d'hommes.

La conduite de M. Clovis Vincent ne trouve son excuse que dans sa sincérité. Mais cette excuse même, est une erreur de plus.

D'abord nul n'a le droit de dire, avec cette persistance, que nous manquons d'hommes, nul n'a le droit de donner de notre pays cette fausse impression de détresse. C'est une parole mauvaise. C'est aussi une parole imprudente. Moi, je dis que, si les blessés doivent repartir, ils repartiront les derniers, après que les valides de l'arrière auront été à l'avant, et après que les valides de l'avant, qui ont eu jusqu'ici la faveur de vivre loin du feu, en auront subi les épreuves.

Messieurs, j'ai fini, je vous ai montré les deux hommes que ce procès a mis en présence.

Le zouave blessé : Deschamps, et le médecin-major : Clovis Vincent. J'ai, dans un résumé bref et précis de nos débats, fixé la scène du 27 mai, comparé les gestes de ces deux hommes, mesuré la responsabilité de chacun d'eux, et nettement dégagé la grande et redoutable question qui pour la première fois se pose devant votre Justice : celle du droit des blessés.

Deschamps a défendu le droit des blessés.

L'heure est venue de conclure.

Je me tourne vers vous, M. le Président et vos camarades du Conseil, avec une émotion que je cacherais vainement.

Vous avez dirigé ces débats mon cher Colonel avec une autorité, une distinction, une courtoisie, une pénétration d'esprit qui ont fait, je vous le dis sans flatterie, l'admiration de tous. Pas un seul instant, pendant ces longues et laborieuses audiences, vous n'avez pris parti pour l'accusation contre la défense, ni pour la défense contre l'accusation. Vous avez pris parti pour la vérité avec une constante et haute impartialité. Il faut maintenant achever l'œuvre que vous avez si bien commencée. Ce matin M. le commissaire du Gouvernement vous disait : des circonstances atténuantes, il y en a partout dans cette affaire, vous les accorderez à Deschamps, vous pouvez même aller plus loin. Vous me comprenez, disait-il. Et tout le monde a compris la pensée du commandant Roux. Un verdict de culpabilité mitigé par des circonstances atténuantes, une condamnation légère aussitôt effacée par ce demi-acquittement, qui s'appelle l'application de la loi de sursis, ce serait une sentence d'apaisement.

Le respect de la discipline serait assuré, le droit des blessés serait sauvegardé. Et dans le jugement plein d'indulgence et de bienveillance qui viserait Deschamps, M. Clovis Vincent serait sûrement le plus atteint.

Je voudrais pouvoir, mon cher contradicteur, me rallier dans une pensée de suprême conciliation aux conclusions que je viens de résumer et qui sont au fond les vôtres. Je ne le peux pas. Si je le faisais, j'admettrais alors que dans cette affaire les torts ne sont pas tous exclusivement du côté de l'accusateur et qu'en défendant comme il a dû le faire son droit, c'est-à-dire le droit des blessés, l'accusé a assumé quand même une part, si légère qu'elle fût, de responsabilité.

Cela je ne puis l'admettre, parce que cela

n'est pas vrai. Il n'y a plus à cette heure qu'un geste qui soit vrai, il n'y a qu'un verdict qui soit digne de la vérité, digne de vous, Messieurs ; je vous le dis avec tout le respect que j'ai pour votre justice, avec toute la confiance que je mets en elle, Deschamps a défendu le droit des Blessés, acquittez-le. (*Vifs applaudissements prolongés dans l'assistance.*)

LE JUGEMENT

LE JUGEMENT

Après une heure de délibération, le Conseil de guerre rentre en séance et le colonel Prévost donne lecture du jugement : Deschamps est condamné à 6 mois de prison *avec application de la loi de sursis.*

Le lendemain M. Paul-Meunier adressait la lettre qu'on va lire à M. Gustave Téry, directeur de l'*Œuvre* qui, dans son journal avait mené une très belle et très courageuse campagne pour le respect du droit des blessés.

Paris, le 4 août 1916.

Mon cher ami,

Le zouave Deschamps est libre et ne sera pas torpillé.

Voilà ce que je voulais vous dire, dès mon retour à Paris, pour bien fixer le sens et la portée de l'excellent jugement qui vient d'être rendu par les juges militaires de Tours.

Il convient de rappeler que le rapporteur chargé de l'instruction de cette affaire, M. le capitaine Guillaume Poulle, avait conclu, en ces termes, à la pleine responsabilité de Deschamps :

« *M. le Dr Clovis Vincent n'a ni mérité, ni provoqué les outrages et les voies de fait reprochés à Deschamps... Le* dévouement *qu'il apporte dans l'accomplissement de ses fonctions, sa science médicale auraient dû le mettre à l'abri de semblables voies de fait et de semblables outrages. De pareils faits ne peuvent être tolérés.* »

En d'autres termes, les conclusions du rapport de M. Guillaume Poulle tendaient simplement à faire prononcer contre Deschamps la peine capitale.

Trois questions furent, en conséquence, posées au Conseil de guerre.

Et voici comment il y fut répondu :

Première question *: Deschamps est-il coupable de voies de fait volontaires à l'égard du médecin-major Clovis Vincent, son supérieur ?*

Réponse : *Oui, à l'unanimité.*

Deuxième question *: Deschamps a-t-il frappé son supérieur à l'occasion du service ?*

Réponse *: Non, à l'unanimité.*

TROISIÈME QUESTION : *Deschamps est-il coupable d'outrages envers un supérieur à* l'occasion du service ?

Réponse : *Non, à l'unanimité.*

Le président a posé ensuite les questions suivantes, concernant l'application de notre loi du 27 juillet 1916 :

1° Existe-t-il des circonstances atténuantes en faveur de Deschamps ?

Réponse : *Oui, à l'unanimité.*

2° *Deschamps doit-il bénéficier de la loi de sursis ?*

Réponse : Oui, *à l'unanimité.*

Voilà le verdict. Il est d'une aveuglante clarté.

Le tribunal militaire a dit :

Deschamps a eu tort de frapper.

Mais M. Clovis Vincent a eu tort de torpiller *Deschamps par la violence.*

C'est lui le plus coupable.

Et personne ne s'y est trompé, dans cette foule de blessés, de soldats, d'officiers, de civils, qui emplissait la grande salle des assises de Tours, et qui venait d'acclamer Deschamps à la fin de notre plaidoirie.

Je ne m'y suis point trompé moi-même, quand, après la lecture du jugement qui couronnait et sanctionnait tout l'effort de la défense, je me suis approché du Conseil pour lui dire mon émotion et ma gratitude.

Le colonel Prévost a présidé les six longues audiences de cette grande et passionnante affaire avec une autorité incomparable, et l'opinion publique toute entière s'associera au juste hommage que je lui ai publiquement rendu.

On peut être tranquille maintenant; Deschamps ne sera pas torpillé, et nul autre blessé, grâce à lui, ne sera plus jamais torpillé, au moins contre sa volonté. Le Conseil de guerre, par un noble geste de fière indépendance et de loyale justice, a souverainement jugé que LES BLESSÉS ONT LE DROIT DE SE REFUSER A DES EXPÉRIENCES DE LABORATOIRE OU D'AMPHITHÉATRE.

Le Code militaire, comme nous l'avons plaidé avec toute la force de notre conviction, défend toutes les violences. Le Conseil de guerre nous a donné raison.

Ainsi la journée d'hier a été le vrai triomphe de la cause des blessés, qui est celle du droit.

Ceux que la mitraille a épargnés pourront donc se soigner et vivre avec la certitude d'échapper désormais à toutes les tortures.

Croyez-moi, cher ami, votre tout dévoué.

PAUL MEUNIER,
Avocat à la Cour d'Appel.
Député de l'Aube.

SAINT-DENIS

IMPRIMERIE Ve BOUILLANT ET J. DARDAILLON
47, boulevard de Châteaudun, 47

www.ingramcontent.com/pod-product-compliance
Ingram Content Group UK Ltd.
Pitfield, Milton Keynes, MK11 3LW, UK
UKHW020408180726
13839UKWH00003B/1276

9 782329 571379